ÉLOGE

DE

M. THÉRON DE MONTAUGÉ

Par M. E. FILHOL.

ÉLOGE

DE

M. THÉRON DE MONTAUGÉ

Par M. E. FILHOL.

Messieurs,

Il y a quelques mois à peine, plusieurs d'entre nous accompagnaient à sa dernière demeure la dépouille mortelle de M. Théron de Montaugé. Une maladie aussi rapide qu'imprévue venait de le ravir en quelques heures à sa famille, à la science qu'il cultivait avec un remarquable succès, à ses nombreux amis. La foule qui se pressait autour du cercueil de notre collègue témoignait par son attitude respectueuse et affligée des regrets que lui inspirait cette mort prématurée. La population du faubourg Bonnefoy se pressait toute entière autour de la famille dont elle partageait la douleur, et l'on comprenait sans peine, en voyant passer ce cortége imposant, que celui qui venait de mourir avait exercé autour de lui une influence considérable.

C'est qu'en effet, la vie de M. Théron de Montaugé avait été partagée entre le culte de la science et l'accomplissement d'œuvres de bienfaisance; et que si la ville de Toulouse perdait en lui un homme éminent et un agriculteur des plus distingués, les classes pauvres perdaient à leur tour un de leurs défenseurs les plus ardents et les plus sincères, qui avait par ses efforts intelligents amélioré leur sort aussi bien au point de vue moral qu'au point de vue matériel.

Tous les actes de la vie de M. Théron de Montaugé dénotaient en lui une nature généreuse, un ardent amour du progrès, une inépuisable charité.

M. Théron de Montaugé était né à Gaillac, le 21 septembre 1830. Après avoir fait ses études classiques, il suivit pendant quelques années les cours de la Faculté de droit de Toulouse, et obtint le grade de licencié. Je ne m'arrête pas sur cette première période de sa vie que j'appellerais volontiers une période de préparation, car c'est à partir du moment où il eut quitté les bancs des écoles qu'apparurent et se développèrent de jour en jour les qualités remarquables qui le distinguaient.

Pénétré de l'idée, assurément fort juste, que la principale source de richesse pour la France réside dans son sol dont il faut améliorer la culture et augmenter la production, notre collègue se livra de bonne heure à une étude approfondie de la science agricole. Possesseur d'un vaste domaine, situé aux portes même de Toulouse, il perfectionna peu à peu et sans interruption les procédés de culture, profita des découvertes qui avaient lieu tous les jours, les appliqua avec discernement et ne tarda pas à recueillir le fruit de son ardeur intelligente et de son labeur incessant. A deux reprises, la Société d'agriculture de la Haute-Garonne lui décerna la prime d'honneur, réservée au propriétaire du domaine le mieux entretenu. Cette société savante l'associa de bonne heure à ses travaux, et il devint un de ses membres les plus actifs.

Arrêtons-nous un peu sur cette période de la vie de notre collègue, qui est marquée par la publication de travaux nombreux et importants. La culture des champs était, comme on vient de le voir, sa principale occupation. S'il venait souvent à Toulouse, il y faisait en général un court séjour; d'ailleurs, la proximité de son domaine lui permettait de se rendre à la ville sans perdre, pour ainsi dire, de vue les travaux de la campagne. Il n'ignorait pas qu'on n'obtient de bonnes récoltes qu'à la condition d'apporter à tous les détails des opérations agricoles, la plus scrupuleuse attention. L'œil du maître est en effet indispensable à la campagne plus que partout ailleurs.

Columelle avait écrit : *Oculi et vestigia domini res in agro saluberrima.* Magon allait plus loin, quand il disait : Celui qui achète des champs doit vendre sa maison de la ville. Théron de Montaugé insiste beaucoup, dans ses écrits, sur la nécessité, pour l'agriculteur, de surveiller lui-même les opérations qui s'exécutent sur son domaine.

Le parallèle qu'il établit dans un de ses Mémoires les plus remarquables, entre le paysan riche et le bourgeois, est saisissant de vérité.

Le premier, dit-il, s'il n'a pas commencé sa fortune, l'a assurément augmentée. Son activité infatigable, sa méfiance toujours en éveil, la simplicité de ses goûts, la frugalité de ses habitudes, l'esprit d'ordre et d'économie qu'il apporte en toutes choses, lui permettent de traverser les plus mauvaises années sans entamer son fonds. Il trouve toujours le moyen de faire quelques réserves, et bien qu'à son entrée dans la carrière, le dessein de conserver intact l'héritage paternel lui ait fait contracter des dettes envers ses co-partageants, il les a soldées et n'a pas tardé à devenir rentier à son tour, sans renoncer pour cela à la vie des champs qu'il n'abandonnera jamais. Malheureusement, chez lui, l'instruction, même professionnelle, n'est pas aussi développée que l'esprit d'observation et le jugement. C'est là son principal défaut.

Au contraire, chez le bourgeois plus ou moins stylé et blasonné qui possède la métairie voisine, il y a plus de goût pour les choses de l'esprit et des habitudes plus raffinées. On y subit davantage l'empire des conventions sociales et de la mode. Sans doute, on aime l'agriculture, et l'on s'y adonne parfois avec passion, mais on fait moins par soi-même que le paysan, et, quoiqu'on soit plus instruit, il est rare qu'on réussisse mieux. On s'attache de bon cœur à son domaine ; mais on lui préfère les plaisirs. Pour rien, par exemple, on ne renoncerait à passer quelques mois dans la grande ville, où les économies de la vie rurale s'engloutissent à vue d'œil. Aussi, que de fois, sous les dehors de l'opulence, est-on réduit à dissimuler la gêne ? Et combien de propriétaires cultivateurs déçus aspirent-ils à faire de leurs enfants... des avocats ? Cependant, parmi les agriculteurs lettrés, il n'est pas rare d'en rencontrer de plus heureux ou de plus sages, qui savent concilier les satisfactions de l'intelligence avec les devoirs de leur profession, et qui réussissent à augmenter leur fortune, sans rompre avec la société des esprits délicats. »

M. Théron de Montaugé énumère les principales charges qui pèsent sur l'agriculteur, il se préoccupe de la valeur croissante des objets de première nécessité, du prix des salaires qui s'élève toujours, tandis que le prix du blé n'est pas même rémunérateur pendant certaines années, et, d'accord avec les hommes les plus autorisés, il ne voit d'autre remède que celui qui consiste à faire une plus large part à la culture des fourrages et à l'élevage du bétail, ce qui permet d'ailleurs, vu l'abondance des fumiers, d'obtenir autant de céréales sur une moindre superficie de terrains.

La plantation des vignes lui paraît aussi un moyen à mettre en pratique, pour atténuer dans une certaine mesure les effets fâcheux du bas prix des céréales; elle est quelquefois l'unique moyen de retirer quelques profits des sols graveleux, trop ardents; de certains coteaux, où la faible épaisseur de la couche arable ne permettrait pas d'établir avec succès la culture des céréales.

Homme d'action, ami du progrès, M. Théron de Montaugé avait étudié avec un soin particulier toutes les questions qui intéressent les agriculteurs. Les procédés les plus perfectionnés de l'agriculture moderne lui étaient familiers et étaient mis en pratique sous son habile direction. Choix raisonné d'un bon assolement, drainage des terrains trop humides, labours profonds, culture des plantes fourragères, élevage du bétail, productions abondantes de fumiers, emploi de machines agricoles, en un mot, tout ce qu'un homme laborieux et instruit peut faire pour obtenir du sol le meilleur rendement, tout cela, dis-je, était fait par notre collègue, et le succès couronnait ses efforts.

Ainsi, tandis que le rendement moyen d'un hectare de terre cultivée en blé est dans notre département de 14 hectolitres 5, Théron de Montaugé obtenait un rendement moyen de 22 hectolitres.

Notre collègue, considérant les trois éléments principaux de l'entreprise agricole : la direction, le capital et le travail, estimait que l'Etat pourrait utilement intervenir, surtout dans la direction. Il exprime dans ses écrits le désir de voir l'enseignement professionnel à tous les degrés plus répandu et mieux organisé. Des peuples rivaux, dit-il, nous ont devancés dans cette voie où nous avons trop tardé à les suivre et où nous nous lançons aujourd'hui à l'aventure, sans trop songer à profiter de l'expérience des autres et de nos propres fautes.

M. Théron de Montaugé eût voulu, surtout en présence d'une législation douanière, qui ne met aucune barrière sérieuse à l'introduction des produits agricoles de l'étranger, qu'une liberté complète fût accordée à l'introduction des machines dont ce même étranger se prévaut pour créer les denrées au moyen desquelles il vient écraser sur les marchés français notre production indigène. Il eût voulu que les pouvoirs publics se préoccupassent davantage de faciliter l'extension de nos débouchés, au dedans et au dehors, et qu'on ne laissât pas à l'intérêt spécial des compagnies, qui monopolisent les transports, la faculté de créer des priviléges qui peuvent devenir ruineux pour ceux auxquels on en refuse le bénéfice. Il eût désiré encore que nos tarifs de douane fussent réglés de manière à ne pas créer, tout au moins à la culture étrangère, des priviléges comme ceux dont les vins d'Espagne et d'Italie jouissent actuellement aux dépens des nôtres.

Je voudrais, Messieurs, pour vous donner une juste idée de l'importance et de la variété des travaux de notre regretté confrère, pouvoir les analyser tous, mais ce serait trop long, et un pareil travail dépasserait les bornes que je suis obligé de m'imposer dans un éloge académique. Je suis donc réduit à me contenter d'en citer les titres, les voici :

1° Essai sur le régime commercial de la France;
2° Étude sur les classes inférieures de la Société;
3° Étude sur la civilisation méridionale;
4° De l'agriculture chez les grecs et les latins;
5° Lettre sur l'impôt progressif;

6° Culture des topinambours ;

7° L'agriculture en Angleterre ;

8° L'agriculture au Congrès méridional ; les instruments à l'exposition nationale de l'agriculture en 1860 ;

9° L'agriculture et le traité de commerce ;

10° Les écoles primaires et l'agriculture ;

11° De l'espèce bovine ; des espèces chevaline, mulassière et asine ; des bêtes ovines dans la Haute-Garonne ;

12° L'agriculture et les classes rurales dans le pays Toulousain ;

13° La culture sur le domaine de Périole ;

14° Étude économique sur le métayage ;

15° Observations critiques sur le projet de loi concernant l'enseignement élémentaire de l'agriculture ;

16° La crise agricole dans les pays à céréales.

Vient enfin l'œuvre capitale de M. Théron de Montaugé, qui résume et complète toutes les autres. Je veux parler de son livre intitulé : *l'Agriculture et les classes rurales dans le pays Toulousain*, ouvrage des plus remarquables qui valut à notre regretté collègue l'honneur d'être couronné par l'Institut. Ce livre instructif au plus haut degré contient une description savante et détaillée des procédés agricoles en usage dans nos contrées, de leurs transformations successives, des causes de succès ou de déception, des progrès réalisés, de ceux vers lesquels on doit tendre. Son livre est à la fois un traité d'économie rurale et un traité d'agriculture spécialement adapté aux besoins de nos contrées. Les questions de l'ordre le plus élevé y sont le sujet d'une discussion approfondie. Il ne m'est pas possible d'analyser ici une œuvre aussi considérable, et je la résume en disant qu'elle dénote chez son auteur une étude sérieuse des problèmes difficiles dont la génération actuelle cherche péniblement la solution, et qu'elle révèle à chaque ligne l'homme vertueux, le vrai chrétien aimant le bien, cherchant à le faire aimer et le pratiquant lui-même.

Malgré les fatigues que lui imposaient ses nombreux travaux, M. Théron de Montaugé se mêla quelquefois à la vie publique. Il fit partie du Conseil général de la Haute-Garonne et du Conseil municipal de Toulouse. Je me souviens encore de l'ardeur avec laquelle il défendit au sein du Conseil municipal les droits des pauvres de la banlieue, qui ne recevaient aucun secours du Bureau de bienfaisance. Il lutta sans relâche jusqu'au moment où les malheureux dont il avait plaidé la cause eurent part aux distributions faites par le bureau de bienfaisance.

Une de ses préoccupations les plus vives était l'émigration des ouvriers de la campagne vers les grandes villes. Il en étudie les causes et cherche les moyens les plus propres à arrêter cette tendance fâcheuse. M. Théron de Montaugé trace à cette occasion un tableau émouvant de la pauvreté dans les campagnes. Il eût voulu voir se développer partout des institutions ayant pour but d'assurer une existence moins malheureuse aux invalides de l'agriculture. Il eût voulu que l'assistance publique fût mieux organisée partout, et que les efforts de la charité publique, si multipliés dans les grands centres, prissent dans les campagnes un développement en rapport avec les misères à secourir et les souffrances à soulager. Il était partisan des orphelinats agricoles, et tous ceux qui ont vu de près des institutions de ce genre seront assurément de son avis. Il eût voulu enfin que l'association dans une juste mesure du propriétaire et de l'ouvrier encourageât ce dernier à préférer la vie des champs à la vie plus attrayante peut-être, mais à coup sûr plus pénible et plus désordonnée des grandes villes.

Les éminentes qualités de M. Théron de Montaugé l'avaient signalé à l'attention des sociétés savantes. L'Académie de législation de Toulouse, la Société d'agriculture de la Haute-Garonne, la Société centrale d'agriculture, la Société d'encouragement à l'industrie nationale, l'Académie des sciences morales et politiques, l'Académie française lui donnèrent les témoignages d'estime les plus flatteurs et lui décernèrent des récompenses bien méritées.

M. Théron de Montaugé a siégé parmi nous pendant un petit nombre d'années, et quelques-uns de ses meilleurs travaux figurent dans nos mémoires. Aucun de nous n'en a perdu le souvenir.

J'ai jeté un coup d'œil rapide sur la carrière scientifique de M. Théron de Montaugé, il me reste à vous rappeler l'homme privé tel que je l'ai connu, tel que l'ont apprécié tous ceux qui ont eu avec lui de fréquents rapports.

M. Théron de Montaugé, doué d'un caractère ferme, apportait dans l'exécution de ses projets cette ténacité particulière aux hommes dont les convictions sont profondes et sincères. Son langage était vif, ardent, presque passionné. On eût cru parfois, en l'entendant prendre part à des discussions d'intérêt public ou d'intérêt scientifique, avoir devant soi un homme d'un caractère irritable, emporté, volontaire, et pourtant il n'en était rien, car son caractère était doux, bienveillant, et s'il fut passionné ce fut toujours pour accomplir de bonnes actions.

Son désintéressement n'avait pas de bornes; en 1872, on le vit, quand la péripneumonie qui sévissait sur l'espèce bovine fit irruption dans ses étables, sacrifier 44 animaux de choix pour préserver ses voisins du fléau dont il était victime.

M. Théron de Montaugé fut pendant longtemps président du Comité de secours de son quartier et il s'acquitta de cette fonction de la manière la plus délicate et la plus honorable. Combien de fois ne l'a-t-on pas vu, accompagné de ses deux enfants, visiter les malades de la paroisse et leur apporter à la fois des secours et des consolations! Sa bienveillante sollicitude suivait les pauvres partout. Il contribua pour eux à la fondation des Sociétés de secours mutuels, d'écoles, de bibliothèques, etc.

L'amélioration du sort des classes pauvres au milieu desquelles notre existence s'écoule est, écrivait-il, l'œuvre privilégiée de notre vie, celle à laquelle nous avons voué la meilleure part de ce que Dieu nous a départi d'activité, d'intelligence et de fortune.

Aussi, quand une mort imprévue est venue le frapper, il a été facile de comprendre, en voyant toute la population du faubourg Bonnefoy se presser autour de son cercueil, il a été dis-je, facile de comprendre que le deuil qui atteignait sa famille était aussi un deuil public.

Quatre ou cinq jours avant sa mort, il était venu me voir accompagné du fils de l'un de ses amis. Il attendait lui-même son fils qui venait de finir son année de volontariat de la manière la plus brillante, et avait été nommé officier. Comme je le félicitais au sujet de ce succès, il me répondit qu'il en était surtout heureux parce qu'il espérait que son fils pourrait dignement servir son pays si nous avions le malheur de subir une nouvelle guerre, car pour cet homme bon et généreux tout se résumait dans cette vieille devise : Dieu, son pays, sa famille.

Tel fut M. Théron de Montaugé. Si la mort l'a ravi de bonne heure à ses amis, il leur restera l'impérissable souvenir de ses éminentes qualités qui revivront, nous n'en doutons pas, en ce fils qu'il chérissait et qui s'était déjà engagé depuis longtemps dans la voie honorable où marchait son père. Puisse le pieux souvenir que nous venons de payer à la mémoire de notre collègue adoucir la douleur de sa famille si cruellement éprouvée.

www.ingramcontent.com/pod-product-compliance
Lightning Source LLC
Chambersburg PA
CBHW071439060426
42450CB00009BA/2249